MW00453193

A French Study Guide

50 Most Used French Verbs

French Hacking

Copyright © 2020 French Hacking

All rights reserved. No part of this publication may be reproduced, distributed or transmitted in any form or by any means, including photocopying, recording, or other electronic or mechanical methods, without the prior written permission of the publisher, except in the case of brief quotations embodied in critical reviews and certain other non-commercial uses permitted by copyright law.

Trademarked names appear throughout this book. Rather than use a trademark symbol with every occurrence of a trademarked name, names are used in an editorial fashion, with no intention of infringement of the respective owner's trademark. The information in this book is distributed on an "as is" basis, without warranty. Although every precaution has been taken in the preparation of this work, neither the author nor the publisher shall have any liability to any person or entity with respect to any loss or damage caused or alleged to be caused directly or indirectly by the information contained in this book.

One language sets you in a corridor for life. Two languages open every door along the way.

- Frank Smith

French Hacking was created to teach French students how to learn the language in the shortest time possible. With hacks, tips, & tricks, we want our students to become conversational and confident by teaching what's necessary without having to learn all the finer details that don't make much of a difference or aren't used in the real world. Check out our other books by searching French Hacking on Amazon!

If you enjoy the book or learn something new, it really helps out small publishers like French Hacking if you could leave a quick review so others in the community can also find the books! You can do so by scanning the QR code below which will take you straight to the review page.

Who's it for?

This book is written for students who are just starting out all the way to intermediate French learners (if you're familiar with the Common European Framework of Reference - CEFR, it would be the equivalent to A1-B1).

Why you'll enjoy this book

- Not a kids story, they have too many wizards and animals that you don't use in everyday speech.
- The story line is interesting and something you can relate to, unlike children's books.
- There is relevant vocab you can use right away which will motivate you to read more.
- No dictionary needed as there are easy to follow translations under each paragraph.

How to get the most out of this book

1. If you're not already an Audible member you can download the audiobook for FREE! Grab the audiobook and follow along to increase your comprehension skills. Try to listen a few times before you read to see how much you can pick up on and understand.

2. READ READ READ. It's rare that you learn a word by seeing it once. Come back to the book and read them over. Since you'll know what the book is about after the first read, you can focus on other concepts the second time round.

3. Listen and read at the same time so you can hear the pronunciation of each syllable while seeing how the word looks like. You'll also be less distracted with this method as you'll be fully immersed.

BONUS

Also follow us on Instagram @Frenchacking where we do daily posts on grammar, spelling, quotes, and much much more!

Table of Contents

FRENCH INDICATIVE VERB TENSES

Verbs are DOING words. We use them all the time to explain what is happening - or what HAS happened or WILL happen.

The vast majority of French verbs all work in the same way, so they are called REGULAR.

> **Eg: MANGER = to eat**

We start with the PRESENT tense to indicate what we are doing now or what we usually do.

PRESENT - L'Indicatif Présent

You need six persons for each verb:

je	=	I
tu	=	you
il	=	he (or it masculine)
nous	=	we
vous	=	you (plural or polite singular)
ils	=	they

The "il" form is also used for:
- elle = she / it (feminine)
- on = one / we
- any ONE person or thing

> **Eg: Julian, le professeur, ma maison, Anne, le chien, l'avocat, la radio.**

The "ils" form is also used for:
- elles = they (feminine)
- any group of persons or things

> **Eg: mes amis, Patrick et Clara, les hommes, les femmes, les cahiers.**

Regular -ER Verbs

There are thousands of verbs which follow this pattern. New verbs usually follow it too.

> **Eg: parler, écouter, louer, cliquer**

The **INFINITIVE** of these verbs end in -**ER.**

The INFINITIVE is the form of the verb which is not attached to a subject (je, tu, etc.).

parl**er** = to speak	
je	parl**e** = I speak I'm speaking I do speak
tu	parl**es**
il	parl**e**
nous	parl**ons**
vous	parl**ez**
ils	parl**ent**

NOTE: The endings in italic are SILENT.

Verbs beginning with a vowel or "h" - **je = j'**

aim**er** = to like / love	
j'	aim**e**
tu	aim**es**
il	aim**e**
nous	aim**ons**
vous	aim**ez**
ils	aim**ent**

On the next page, there is a list of common -**ER** verbs for you to practice. Keep in mind that there are several thousand more!

accompagner	to accompany	entrer *	to enter
acheter	to buy	envoyer	to send
aider	to help	examiner	to examine
aimer	to like / love	fermer	to close
ajouter	to add	frapper	to hit
allumer	to light	fumer	to smoke
apporter	to bring	gagner	to win
arriver *	to arrive	garder	to keep
attacher	to attach	grogner	to grumble
attraper	to catch	habiter	to live
bouger	to move	inviter	to invite
cacher	to hide	jouer	to play
casser	to break	laisser	to let / leave
chanter	to sing	laver	to wash
chercher	to seek	louer	to rent / hire
collectionner	to collect	manger	to eat
commander	to order	marcher	to walk
commencer	to start	monter *	to climb
compter	to count	montrer	to show
continuer	to continue	nettoyer	to clean
couper	to cut	organiser	to organize
coûter	to cost	ôter	to take off
danser	to dance	oublier	to forget
demander	to ask	parler	to talk / speak
dépenser	to spend (money)	passer	to pass
désirer	to desire	payer	to pay
dessiner	to draw	pêcher	to fish
détester	to hate	penser	to think
deviner	to guess	pleurer	to cry
discuter	to argue	porter	to carry / wear
distribuer	to distribute	poser	to put
donner	to give	pousser	to push
durer	to last	préparer	to prepare
écouter	to listen	protéger	to protect
emprunter	to borrow	quitter	to leave

raconter	to tell / relate		**téléphoner**	to phone
ramasser	to pick up		**tirer**	to pull / shoot
regarder	to watch		**tomber** *	to fall
remarquer	to notice		**toucher**	to touch
remercier	to thank		**travailler**	to work
rencontrer	to meet		**traverser**	to cross
réparer	to repair		**trembler**	to tremble / shake
rester *	to stay		**trouver**	to find
sembler	to seem		**vérifier**	to verify / check
souffler	to blow		**voyager**	to travel

* conjugated with **être** in **passé composé**

- - -

There are two much smaller groups of REGULAR VERBS: **-IR** verbs and **-RE** verbs.

Regular -IR Verbs

finir = to finish	
je	fini**s**
tu	fini**s**
il	fini**t**
nous	finiss**ons**
vous	finiss**ez**
ils	finiss**ent**

The following **-IR** verbs follow the above pattern:

choisir	to choose
avertir	to notify / to warn
saisir	to seize / to grab
remplir	to fill
réfléchir	to reflect
rougir	to turn red / to blush
applaudir	to applaud

Regular -RE Verbs

vendre = to sell	
je	vend**s**
tu	vend**s**
il	vend
nous	vend**ons**
vous	vend**ez**
ils	vend**ent**

The following -**RE** verbs follow the above pattern:

attend**re**	to wait
descend**re**	to go down
entend**re**	to hear
perd**re**	to lose
répond**re**	to reply / to answer

Once you have learned all these regular verbs, **you have mastered most French verbs**.

Regular Verb Exceptions

Some -ER verbs are slightly irregular in parts.

1. The following changes occur before a SILENT "e":

a) l = ll

appel**er** = to call	
j'	appell**e**
tu	appell**es**
il	appell**e**
nous	appel**ons**
vous	appel**ez**
ils	appell**ent**

Also:

s'**appeler**	to be called
rappeler	to recall
se rappeler	to remember

b) t = tt

jet**er** = to throw	
je	jett_e_
tu	jett_es_
il	jett_e_
nous	jet_ons_
vous	jet_ez_
ils	jett_ent_

c) -ayer / - oyer / -uyer   y = i

essay**er** = to try	
j'	essai_e_
tu	essai_es_
il	essai_e_
nous	essay_ons_
vous	essay_ez_
ils	essai_ent_

Also:

aboyer	to bark
s'ennuyer	to be bored
nettoyer	to clean
payer	to pay

d) e = è

achet**er** = to buy	
j'	achèt_e_
tu	achèt_es_
il	achèt_e_
nous	achet_ons_
vous	achet_ez_
ils	achèt_ent_

Also:

emmener	to take away
se lever	to get up
mener	to lead
se promener	to walk

e) é = è

espér**er** = to hope	
j'	espèr_e_
tu	espèr_es_
il	espèr_e_
nous	espér_ons_
vous	espér_ez_
ils	espèr_ent_

Also:

compléter	to complete
s'inquiéter	to worry
préférer	to prefer
répéter	to repeat

2. The following changes occur before A, O, U.

a) g = ge

manger = to eat	
je	mange
tu	manges
il	mange
nous	mangeons
vous	mangez
ils	mangent

Also:

changer	to change
interroger	to question
nager	to swim
voyager	to travel
neiger	to snow

b) c = ç

commencer = to start	
je	commence
tu	commences
il	commence
nous	commençons
vous	commencez
ils	commencent

Also:

annoncer	to announce
avancer	to advance
lancer	to throw

Irregular verbs

Some verbs DO NOT fit into these patterns. A number of common verbs are IRREGULAR; probably because they are so frequently used that they have become worn out!

We could not get through even a brief conversation without using words like "can," "go," "must," "am," "has," "is," "put."

The most common IRREGULAR VERBS are set out here. It is worth noting the following exceptions:

1. All "nous" forms end in "-ons"
Except: nous SOMMES (from être)

2. All "vous" forms end in "-ez"
Except: vous ÊTES (from être)
        vous DITES (from dire)
        vous FAITES (from faire)

3. All "ils" forms end in SILENT "-ent"

Except: ils ONT (from avoir)
       ils SONT (from être)
       ils FONT (from faire)
       ils VONT (from aller)

être = to be	
je	suis
tu	es
il	est
nous	sommes
vous	êtes
ils	sont

avoir = to have	
j'	ai
tu	as
il	a
nous	avons
vous	avez
ils	ont

aller = to go	
je	vais
tu	vas
il	va
nous	allons
vous	allez
ils	vont

dire = to say	
je	dis
tu	dis
il	dit
nous	disons
vous	dites
ils	disent

boire = to drink	
je	bois
tu	bois
il	boit
nous	buvons
vous	buvez
ils	boivent

écrire = to write	
j'	écris
tu	écris
il	écrit
nous	écrivons
vous	écrivez
ils	écrivent

faire = to do / to make	
je	fais
tu	fais
il	fait
nous	faisons
vous	faites
ils	font

voir = to see	
je	vois
tu	vois
il	voit
nous	voyons
vous	voyez
ils	voient

devoir = must / have to	
je	dois
tu	dois
il	doit
nous	devons
vous	devez
ils	doivent

savoir = to know	
je	sais
tu	sais
il	sait
nous	savons
vous	savez
ils	savent

Pouvoir and **vouloir** are similar:

pouvoir = can	
je	peux
tu	peux
il	peut
nous	pouvons
vous	pouvez
ils	peuvent

vouloir = to want	
je	veux
tu	veux
il	veut
nous	voulons
vous	voulez
ils	veulent

recevoir = to receive	
je	reçois
tu	reçois
il	reçoit
nous	recevons
vous	recevez
ils	reçoivent

courir = to run	
je	cours
tu	cours
il	court
nous	courons
vous	courez
ils	courent

mettre = to put	
je	mets
tu	mets
il	met
nous	mettons
vous	mettez
ils	mettent

These verbs follow the same pattern:

permettre	to allow
promettre	to promise

9

prendre = to take	
je	prends
tu	prends
il	prend
nous	prenons
vous	prenez
ils	prennent

These verbs follow the same pattern:

apprendre	to learn
comprendre	to understand

venir = to come	
je	viens
tu	viens
il	vient
nous	venons
vous	venez
ils	viennent

These verbs follow the same pattern:

devenir	to become
revenir	to come back
se souvenir	to remember
tenir	to hold
soutenir	to uphold

sortir = to go out	
je	sors
tu	sors
il	sort
nous	sortons
vous	sortez
ils	sortent

These verbs follow the same pattern:

partir	to leave
dormir	to sleep
servir	to serve

ouvrir * = to open	
j'	ouvre
tu	ouvres
il	ouvre
nous	ouvrons
vous	ouvrez
ils	ouvrent

These verbs follow the same pattern:

couvrir *	to cover
découvrir *	to discover

* The present goes like a regular -ER verb.

PERFECT - Passé Composé

This tense has two names:

    1. **PARFAIT = perfect, completely done**

    2. **PASSÉ COMPOSÉ = past, composed of two words**

You need an **AUXILIARY** (= helping) **VERB + a PAST PARTICIPLE**

The auxiliary verb is nearly always **AVOIR**. So we say that most verbs are **conjugated** with **AVOIR**.

You can see how it works below.

The **past participle** of regular -ER verbs always ends in -É.

    E.g. the past participle of PARLER is PARL<u>É</u>.

    J'ai parlé = I have spoken / I spoke / I did speak

Here it is in full:

j'	ai	parl<u>é</u>
tu	as	parl<u>é</u>
il	a	parl<u>é</u>
nous	avons	parl<u>é</u>
vous	avez	parl<u>é</u>
ils	ont	parl<u>é</u>

The **past participle** of regular -**IR verbs** always ends in -**I**.

    E.g. the past participle of FINIR is FIN<u>I</u>.

j'	ai	fin<u>i</u>
tu	as	fin<u>i</u>
il	a	fin<u>i</u>
nous	avons	fin<u>i</u>
vous	avez	fin<u>i</u>
ils	ont	fin<u>i</u>

The **past participle** of regular **-RE verbs** always ends in **-U**.

E.g. the past participle of VENDRE is VEND<u>U</u>.

j'	ai	vend<u>u</u>
tu	as	vend<u>u</u>
il	a	vend<u>u</u>
nous	avons	vend<u>u</u>
vous	avez	vend<u>u</u>
ils	ont	vend<u>u</u>

The **past participle of IRREGULAR VERBS** fall into groups:

Infinitive	Past Participle
prendre	**pris**
apprendre	**appris**
comprendre	**compris**

Infinitive	Past Participle
mettre	**mis**
promettre	**promis**
permettre	**permis**

-t	
Infinitive	Past Participle
dire	**di<u>t</u>**
faire	**fai<u>t</u>**
écrire	**écri<u>t</u>**
conduire	**condui<u>t</u>**

-u	
Infinitive	Past Participle
avoir	**e<u>u</u>**
boire	**b<u>u</u>**
croire	**cr<u>u</u>**
devoir	**d<u>û</u>**
lire	**l<u>u</u>**
pouvoir	**p<u>u</u>**
savoir	**s<u>u</u>**
voir	**v<u>u</u>**
battre	**batt<u>u</u>**
courir	**cour<u>u</u>**
vouloir	**voul<u>u</u>**
recevoir	**reç<u>u</u>**
tenir	**ten<u>u</u>**
il faut	**il a fall<u>u</u>**
il pleut	**il a pl<u>u</u>**

-i	
Infinitive	Past Participle
suivre	**suiv<u>i</u>**
dormir	**dorm<u>i</u>**
mentir	**ment<u>i</u>**
rire	**r<u>i</u>**
sentir	**sent<u>i</u>**
servir	**serv<u>i</u>**

Infinitive	Past Participle
être	**été**

When the verb is conjugated with **AVOIR**, the past participle agrees with the **PRECEDING DIRECT OBJECT**.

> **NOTE:** In order to understand this, you need to know some grammatical terms:
>
> ### E.g. The girl gave the ball to her mother
> ### The girl gave her mother the ball
>
> **Subject:** the girl
> **Verb:** gave
> **Direct object:** the ball
> **Indirect object:** (to) her mother
>
> The **PRECEDING DIRECT OBJECT (PDO)** = the direct object which goes **before** the verb.

Examples:

La voiture ? Oui, je l'ai conduite. (The car? Yes, I drove it)

Regardez **les livres** que j'ai achetés. (Look at the books I bought)

Nous **les** leur avons montrés. (We showed them to them)

Elle **nous** a regardés. (She looked at us)

The vast majority of French verbs are **conjugated** with **AVOIR**. There are, however, a number of important verbs conjugated with **ÊTRE** (where the auxiliary verb is **ÊTRE**).

je	suis	allé
tu	es	allé
il	est	allé
nous	sommes	allés
vous	êtes	allés
ils	sont	allés

It is easy to remember which verbs are conjugated with **ÊTRE**. There are *five pairs of opposites and some spares:*

Infinitive	Past Participle
arriver	**arrivé**
monter *	**monté**
sortir *	**sorti**
aller	**allé**

Infinitive	Past Participle
partir	**parti**
descendre *	**descendu**
entrer	**entré**
venir	**venu**

Infinitive	Past Participle
naître	**né**
tomber	**tombé**
rentrer *	**rentré**

Infinitive	Past Participle
mourir	**mort**
rester	**resté**
retourner	**retourné**

The **past participle** agrees with the **SUBJECT**.

Examples:

> **Ma soeur est arrivée.** (My sister has arrived)
>
> **Nous sommes rentrés.** (We came back)
>
> **Les filles sont descendues.** (The girls came down)
>
> **Ils sont venus.** (They came)

* When **monter, descendre, sortir** and **rentrer** have an OBJECT, they are conjugated with **AVOIR**.

Examples:

> **J'ai sorti les vieux cahiers.** (I took out the old notebooks)
>
> **Nous avons monté les valises.** (We put up the suitcases)
>
> **Elle a descendu l'escalier.** (She came down the stairs)

All **REFLEXIVE** verbs are conjugated with **ÊTRE**.

Examples:

> **Je me suis lavé les dents.** (I brushed my teeth)
>
> **Nous nous sommes réveillés à 7h.** (We woke up at 7am)
>
> **Les filles se sont habillées.** (The girls got dressed)
>
> **Vous vous êtes bien amusés ?** (You had a good time)

IMPERFECT - L'imparfait

This is very simple. Just take the stem from the "**nous**" form of the **present tense** and add: **-ais, -ais, -ait, -ions, -iez, -aient**.

E.g. Je donnais: I was giving / I used to give.

	donner	**finir**	**vendre**
je	donn<u>ais</u>	finiss<u>ais</u>	vend<u>ais</u>
tu	donn<u>ais</u>	finiss<u>ais</u>	vend<u>ais</u>
il	donn<u>ait</u>	finiss<u>ait</u>	vend<u>ait</u>
nous	donn<u>ions</u>	finiss<u>ions</u>	vend<u>ions</u>
vous	donn<u>iez</u>	finiss<u>iez</u>	vend<u>iez</u>
ils	donn<u>aient</u>	finiss<u>aient</u>	vend<u>aient</u>

Remember **g → ge** and **c → ç** before A, O, U:

	manger	**commencer**
je	mange<u>ais</u>	commenç<u>ais</u>
tu	mange<u>ais</u>	commenç<u>ais</u>
il	mange<u>ait</u>	commenç<u>ait</u>
nous	mang<u>ions</u>	commenc<u>ions</u>
vous	mang<u>iez</u>	commenc<u>iez</u>
ils	mange<u>aient</u>	commenç<u>aient</u>

All other verbs follow the same pattern in the **IMPERFECT**, the stem is the "**nous**" form of the present tense, minus the **-ons**.

E.g. J'allais, je lisais, j'évrivais, je mettais, je prenais, j'avais, je devais, j'ouvrais, je pouvais, je voulais, je venais, etc.

The only truly **IRREGULAR** imperfect is **être**:

	être
j'	ét<u>ais</u>
tu	ét<u>ais</u>
il	ét<u>ait</u>
nous	ét<u>ions</u>
vous	ét<u>iez</u>
ils	ét<u>aient</u>

FUTURE - Futur Simple

The **future** is based on the **INFINITIVE**. Take the **infinitive**, chop off any final "**e**" and add the present tense of **AVOIR**: **-ai, -as, -a, -ons, -ez, -ont**.

E.g. Je donnerai: I will give.

	donner	**finir**	**attendre**
je	donner<u>ai</u>	finir<u>ai</u>	attendr<u>ai</u>
tu	donner<u>as</u>	finir<u>as</u>	attendr<u>as</u>
il	donner<u>a</u>	finir<u>a</u>	attendr<u>a</u>
nous	donner<u>ons</u>	finir<u>ons</u>	attendr<u>ons</u>
vous	donner<u>ez</u>	finir<u>ez</u>	attendr<u>ez</u>
ils	donner<u>ont</u>	finir<u>ont</u>	attendr<u>ont</u>

Many verbs which are normally IRREGULAR are perfectly REGULAR in the FUTURE.

Take the INFINITIVE, remove any final **-e**, so that the stem of the **FUTURE** ends ir "**r**", and add the present tense of **AVOIR**. E.g.:

sortir	je sortir<u>ai</u>	**mettre**	je mettr<u>ai</u>
partir	je partir<u>ai</u>	**battre**	je battr<u>ai</u>
lire	je lir<u>ai</u>	**prendre**	je prendr<u>ai</u>
écrire	j'écrir<u>ai</u>	**boire**	je boir<u>ai</u>

There are some IRREGULAR future forms. Most of them are still based on the INFINITIVE, sometimes with one or two letters missing.

être	je ser<u>ai</u>	**voir**	je verr<u>ai</u>
avoir	j'aur<u>ai</u>	**faire**	je fer<u>ai</u>
savoir	je saur<u>ai</u>	**pouvoir**	je pourr<u>ai</u>
aller	j'ir<u>ai</u>	**tenir**	je tiendr<u>ai</u>
courir	je courr<u>ai</u>	**venir**	je viendr<u>ai</u>
devoir	je devr<u>ai</u>	**vouloir**	je voudr<u>ai</u>
envoyer	j'enverr<u>ai</u>		

ÊTRE (je serai) and **ALLER** (j'irais) have to be memorized.

NOTE: The changes which occur in some **-ER** verbs before a MUTE "**e**" in the present occur throughout the FUTURE, including the "**nous**" and "**vous**" forms:

appeler	j'appeller<u>ai</u>
jeter	je jetter<u>ai</u>
essayer	j'essaier<u>ai</u>
acheter	j'achèter<u>ai</u>

BUT "**espérer**," etc., use the infinitive as it stands with the "**é**" (**j' esp<u>é</u>rerai**).

CONDITIONAL - Conditionnel

Take the **FUTURE stem** and add the **IMPERFECT endings**:

E.g. Je donnerais: I would give.

donner	
je	donner<u>ais</u>
tu	donner<u>ais</u>
il	donner<u>ait</u>
nous	donner<u>ions</u>
vous	donner<u>iez</u>
ils	donner<u>aient</u>

ALL VERBS follow this pattern in the **CONDITIONAL** tense.

PLUPERFECT - Plus-que-parfait

The PLUPERFECT is exactly like the PERFECT, but the **auxiliary verb** is in the **IMPERFECT**.

E.g. J'avais donné: I had given.

J'étais venu: I had come.

donner		
j'	av<u>ais</u>	donn<u>é</u>
tu	av<u>ais</u>	donn<u>é</u>
il	av<u>ait</u>	donn<u>é</u>
nous	av<u>ions</u>	donn<u>é</u>
vous	av<u>iez</u>	donn<u>é</u>
ils	av<u>aient</u>	donn<u>é</u>

venir		
j'	ét<u>ais</u>	ven<u>u</u>
tu	ét<u>ais</u>	ven<u>u</u>
il	ét<u>ait</u>	ven<u>u</u>
nous	ét<u>ions</u>	ven<u>us</u>
vous	ét<u>iez</u>	ven<u>us</u>
ils	ét<u>aient</u>	ven<u>us</u>

PAST HISTORIC - Passé Simple

The narrative in most books, including children's books, is written in the **past historic**. You will never hear it in conversation, but you need to be able to recognize it.

It is very easy to recognize which verb is being used:

E.g. Je donnai: I gave.

The PAST HISTORIC has three types of endings:

1. -ai, -as, -a, -âmes, -âtes, -èrent → used for regular -ER verbs + aller.

	donner	**aller**
je / j'	donnai	allai
tu	donnas	allas
il	donna	alla
nous	donnâmes	allâmes
vous	donnâtes	allâtes
ils	donnèrent	allèrent

2. -is, -is, -it, -îmes, -îtes, -irent → used for regular -IR verbs and -RE verbs, + irregular verbs listed below.

	finir	**descendre**
je	finis	descendis
tu	finis	descendis
il	finit	descendit
nous	finîmes	descendîmes
vous	finîtes	descendîtes
ils	finirent	descendirent

IRREGULAR verbs:

s'asseoir	je m'assis	**écrire**	j'écrivis
conduire	je conduisis	**faire**	je fis
craindre	je craignis	**mettre**	je mis
dire	je dis	**ouvrir**	je ouvris
dormir	je dormis	**partir**	je partis

prendre	je pr<u>is</u>
sortir	je sort<u>is</u>
suivre	je suiv<u>is</u>
voir	je v<u>is</u>

3. -us, -us, -ut, -ûmes, -ûtes, -urent → used for irregular verbs listed below:

être	je f<u>us</u>
avoir	j'<u>eus</u>

il faut	il fall<u>ut</u>
lire	je l<u>us</u>
pouvoir	je p<u>us</u>
recevoir	je reç<u>us</u>
savoir	je s<u>us</u>
vouloir	je voul<u>us</u>

boire	je b<u>us</u>
courir	je cour<u>us</u>
devoir	je d<u>us</u>

Venir, **tenir**, and their compounds are IRREGULAR:

venir	
je	v<u>ins</u>
tu	v<u>ins</u>
il	v<u>int</u>
nous	v<u>înmes</u>
vous	v<u>întes</u>
ils	v<u>inrent</u>

tenir	
je	t<u>ins</u>
tu	t<u>ins</u>
il	t<u>int</u>
nous	t<u>înmes</u>
vous	t<u>întes</u>
ils	t<u>inrent</u>

When to use which tense

PRESENT / L'INDICATIF PRÉSENT: What you are doing now, or what you usually do.

PERFECT / PASSÉ COMPOSÉ: Actions in the past which are completed / finished.

IMPERFECT / IMPARFAIT: Describing what was happening in the past, or how things were (background), or things that you did regularly, or you used to do.

FUTURE / LE FUTUR SIMPLE: Things that will happen.

CONDITIONAL / LE CONDITIONNEL: Things that would / might happen if...

PLUPERFECT / LE PLUS-QUE-PARFAIT: What had already happened before the time you are talking about.

PAST HISTORIC / LE PASSÉ SIMPLE: It is useful to recognize this tense because it is the narrative tense in all books.

Examples: (English translation on next page)

PRESENT
- Je bois du thé tous les jours.
- En ce moment, j'étudie le français.
- Aujourd'hui, il fait froid.
- Ma mère regarde la télé tous les soirs.

PERFECT
- Hier, j'ai joué au tennis.
- Mes parents sont arrivés ce matin.
- Les filles se sont maquillées pour aller à la fête.
- Mon oncle a préparé le déjeuner pour tous.

IMPERFECT
- J'étais très heureux à l'école primaire.
- Marie prenait des cours de trompette.
- Quand je vivais en Allemagne, j'avais toujours très froid.
- Pendant qu'elle dînait, j'appelais ma mère.

FUTURE
- J'irai en ville cet après-midi.
- Tu recevras une surprise.
- Nous ne saurons pas tout de suite les résultats de l'examen.
- Il ne fera rien demain.

CONDITIONAL
- Je ferais le tour du monde, si j'étais riche.
- Je voudrais deux billets, s'il vous plaît.
- Si j'étais toi, je téléphonerais.
- D'après la police, l'assassin serait un homme âgé.

PLUPERFECT
- Avant de partir en vacances, j'avais changé de l'argent à la banque.
- J'étais déjà sorti quand tu as téléphoné.
- Il n'avait pas mangé jusqu'à maintenant.
- Ma mère m'avait dit de ne pas sortir.

Examples:

PRESENT
- I drink tea every day.
- At the moment, I am studying French.
- Today, it's cold.
- My mother watches TV every night.

PERFECT
- Yesterday, I played tennis.
- My parents arrived this morning.
- The girls put on their makeup to go to the party.
- My uncle prepared lunch for everyone.

IMPERFECT
- I was very happy in elementary school.
- Marie was taking trumpet lessons.
- When I lived in Germany, I was always very cold.
- While she was eating dinner, I called my mother.

FUTURE
- I'll go to town this afternoon.
- You will receive a surprise.
- We won't know the results of the exam right away.
- He won't do anything tomorrow.

CONDITIONAL
- I'd go around the world, if I were rich.
- I'd like two tickets, please.
- If I were you, I'd call.
- The police say the killer is an elderly man.

PLUPERFECT
- Before I left on vacation, I had changed some money in the bank.
- I was already out when you phoned.
- He hadn't eaten until now.
- My mother had told me not to go out.

REFLEXIVE VERBS

In English you may have heard someone say "sit yourself down." Quite a number of French verbs work like this. These are called **VERBES PRONOMINAUX**.

se laver (to wash oneself)		
je	me	lav_e_
tu	te	lav_es_
il	se	lav_e_
nous	nous	lav_ons_
vous	vous	lav_ez_
ils	se	lav_ent_

Note:

If you are washing a car, you say:
Je lave la voiture.

If you are washing yourself, you say:
Je me lave.

Here a list of some common reflexive verbs:

se réveiller	to wake up
se lever	to get up
se coucher	to go to bed
s'appeler	to be called
se reposer	to rest
s'habiller	to get dressed
se brosser les dents	to brush your teeth
s'ennuyer	to be bored
se raser	to shave
se dépêcher	to hurry
s'amuser	to enjoy yourself / to have fun
se promener	to go for a walk

On the next pages, we present the 50 most used verbs in French conjugated in the present tense as well as examples.

50 MOST USED FRENCH VERBS

The first two verbs are the most important to French and it's vital to know them inside and out as they're needed to construct the French grammatical structures of the language. The first is:

1. Être - to be

The conjugation table goes like this. Follow along and say it out loud after me. Don't just say it in your head, it's a more effective learning process when you hear yourself say it.

> je suis
>
> tu es
>
> il/elle est
>
> nous sommes
>
> vous êtes (make sure you do the liasion from the 's' to the 'e' which makes a 'z' sound)
>
> ils/elles sont

Here are some sentences to help you remember the verb.

Je pense, donc je suis. I think, therefore I am. Etre, ou ne pas être, c'est là la question. To be or not to be, that is the question. Je suis d'accord. I agree. In french, you are of agreement. The second verb is:

2. Avoir - to have

The conjugation table goes:

> j'ai
>
> tu as
>
> il/elle a
>
> nous avons
>
> vous avez
>
> ils/elles ont

J'ai de la chance. I'm lucky. J'ai vingt ans. I'm twenty years-old. In French you don't use the verb être, to be of an age like in English. You *have* x amount of years. The same goes for hunger and thirst. J'ai faim ou j'ai soif et pas "je suis faim" ou "je suis soif."

3. Faire - to do/make

je fais

tu fais

il/elle fait

nous faisons

vous faites

ils/elles font

Fais attention aux voitures dans la rue ! Be careful of the cars on the street! Qu'est-ce que tu fais ? What are you doing? You will often hear French people struggle with this in English since they don't know which one to use at times, but luckily for you we only have to memorise one verb and not two!

4. Dire - to say

je dis

tu dis

il/elle dit

nous disons

vous dites

ils/elles disent

Dis-moi la vérité. - Tell me the truth. Comment est-ce que tu dis ___ en français ? How do you say ___ in French?

5. Pouvoir - to be able to

je peux

tu peux

il/elle peut

nous pouvons

vous pouvez

ils/elles peuvent

Pouvez-vous m'aider, s'il vous plaît? Can you help me, please!? Est-ce que tu peux fermer la fenêtre s'il te plaît ? Can you close the window please

6. Aller - to go

je vais

tu vas

il/elle va

nous allons

vous allez

ils/elles vont

Je vais bien. I'm well. In english we use the verb être, to be and say I am well which would translate to 'je suis bien' but this is a big trap for English speakers. French say 'they go well' so 'je vais bien'. Another example: tu vas aller chez Erika demain? Are you going to go to Erika's house tomorrow?

7. Voir - to see

je vois

tu vois

il/elle voit

nous voyons

vous voyez

ils/elles voient

Que vois-tu ? What do you see? Est-ce que tu vois mon téléphone ? Do you see my mobile?

8. Savoir - to know

je sais

tu sais

il/elle sait

nous savons

vous savez

ils/elles savent

Je sais ce que je sais. I know what I know. Tu sais quoi ? You know what ?

9. Vouloir - to want

je veux

tu veux

il/elle veut

nous voulons

vous voulez

ils/elles veulent

Je veux être chef cuisinier. I want to be a chef. With job titles you don't have an article in front of the job so you can always use this structure of je veux être ____.

A useful phrase when ordering in a cafe or restaurant is saying something like: Je voudrais un café au, lait s'il vous plaît ! I would like a white coffee, please !

10. Venir - to come

je viens

tu viens

il/elle vient

nous venons

vous venez

ils/elles viennent

Je viens d'aller chez mon ami. I just went to my friends house. In French you say that you come from doing.

You will hear this question quite a lot if you're traveling to France: D'où viens-tu ? Where do you come from? Je viens des États-Unis. I come from the United States.

11. Devoir - to have to

je dois

tu dois

il/elle doit

nous devons

vous devez

ils/elles doivent

Je dois partir à minuit. I have to leave at midnight. Tu dois finir ta nourriture. You must finish your food.

12. Croire - to believe

je crois

tu crois

il/elle croit

nous croyons

vous croyez

ils/elles croient

A lot of English speakers say 'je pense ...' a lot because they say 'I think...' in English. In French however they say 'je crois' for 'I think' more than they say 'je pense'. Je crois qu'elle est américaine. I think that she's American. Est-ce que vous croyez en Dieu? Do you believe in God?

13. Trouver - to find

je trouve

tu trouves

il/elle trouve

nous trouvons

vous trouvez

ils/elles trouvent

A good stem to learn is 'je trouve que' which you can use to say: 'I think that' or 'I find that'. Another example: On va trouver ces clés ! We're going to find these keys! (Remember that in spoken French 'nous' is almost never used and they use 'on' instead).

14. Donner - to give

je donne

tu donnes

il/elle donne

nous donnons

vous donnez

ils/elles donnent

Donnez-moi la télécommande maintenant ! Give me the remote control now! On a donné du pain et du lait aux SDF. We gave some milk and bread to the homeless people. SDF stands for 'sans domicile fixe' aka homeless people.

15. Prendre - to take

je prends

tu prends

il/elle prend

nous prenons

vous prenez

ils/elles prennent

To order you can also say 'Je prends un café s'il vous plaît'. ...

Après le feu, tu prends à gauche. After the traffic light, take a left. Keep in mind that 'feu' also means fire and you might hear someone ask you 'est-ce que vous-avez du feu ?' which means they're asking you for fire, or a lighter.

16. Parler - to speak

je parle

tu parles

il/elle parle

nous parlons

vous parlez

ils/elles parlent

Parlez-vous français is a phrase that many of you probably know from the song that went viral a few years ago which means 'do you speak French?' Another common phrase people learning French know is 'est-ce que vous parlez anglais ?' which I recommend not learning!

Don't be scared and resort to English or your own language, ask them instead 'pouvez-vous répéter plus lentement, s'il vous plaît,' which is asking for them to repeat it more slowly. People will start using hand gestures and speak more slowly so you understand them. If you don't believe me think of yourself when someone is having trouble understanding you, most likely you will speak slower and try to help them right?

17. Aimer - to like

J'aime

tu aimes

il/elle aime

nous aimons

vous aimez

ils/elles aiment

One of the most famous French phrases people know before they begin learning French is 'Je t'aime' which is 'I love you'. If you're ever in a sticky position and say it and the other person gives you a weird look or something you can add 'bien' at the end which changes the phrase to 'I like you very much'. This will save any embarrassment that might have occured.

18. Passer - to pass / to spend

je passe

tu passes

il/elle passe

nous passons

vous passez

ils/elles passent

Ricardo, tu me passes le poivre ? Ricardo, can you pass me the pepper? Passez une bonne journée ! Have a good day!

19. Mettre - to put

je mets

tu mets

il/elle met

nous mettons

vous mettez

ils/elles mettent

Il fait froid ! Tu dois mettre un manteau. It's cold, you need to put on a coat. Levez les mains en l'air ! Put your hands up in the air. Hopefully you never hear this one !

20. Demander - to ask

je demande

tu demandes

il/elle demande

nous demandons

vous demandez

ils/elles demandent

Je ne demande pas la lune. I'm not asking for the moon or I'm not asking for a big thing. Le client a demandé de la bière. The client asked for some beer.

21. Tenir - to hold/keep

je tiens

tu tiens

il/elle tient

nous tenons

vous tenez

ils/elles tiennent

Je tiens le café. I am holding the coffee. With a friend or someone you know they might hand you something and simply say 'tiens'. It may sound rude at first but is totally normal.

22. Sembler - to feel

je semble

tu sembles

il/elle semble

nous semblons

vous semblez

ils/elles semblent

Il me semble que tu as raison. It seems to me that you're right. In French when saying that someone is right you will say that they have reason. Where English uses être and say 'you are' right the French use avoir and say 'tu as' or 'vous avez' raison. Also keep in mind that in spoken French most will run the 'tu' and the 'as' together and you'll hear 't'as'. Donc, il me semble que t'as raison.

23. Laisser - to leave

je laisse

tu laisses

il/elle laisse

nous laissons

vous laissez

ils/elles laissent

Je laisse un os à mes chiens quand je vais au travail. I leave my dogs with a bone when I go to work. A common expression you'll hear or read a lot is 'laisser tomber' which means to drop it or forget about it.

24. Rester - to stay/remain

je reste

tu restes

il/elle reste

nous restons

vous restez

ils/elles restent

Contrary to what English speakers think it doesn't translate to rest! Je vais rester à Berlin une semaine cet été. I'm going to stay in Berlin for a week this summer. Tu restes à la maison ce week-end ? You're going to stay home this weekend?

25. Penser - to think

je pense

tu penses

il/elle pense

nous pensons

vous pensez

ils/elles pensent

Je pense ce que je dis et je dis ce que je pense. I mean what I say, and I say what I mean. Qu'as-tu pensé du film ? What did you think about the movie?
When asking questions you can invert the verb and pronoun to sound more French like in the last example. Another example would be 'vous parlez français' to 'parlez-vous français' such as the famous song.

Halfway mark
Hope you're loving the book and learning lots! It would be awesome if you guys could help out a little to leave a quick review of what you think here so that others who are also learning French are also able to find this book. Thank you!

26. Entendre - to hear

j'entends

tu entends

il/elle entend

nous entendons

vous entendez

ils/elles entendent

Est-ce que tu as entendu ce qu'il a dit ? Did you hear what he said? Je n'ai pas entendu ce qu'il a dit. I didn't hear what he said.

27. Regarder - to watch

je regarde

tu regardes

il/elle regarde

nous regardons

vous regardez

ils/elles regardent

Hier soir, j'ai regardé la télé avec ma sœur. Last night I watched T.V. with my sister. On regarde le menu. We're looking at the menu. Don't get this mixed up with 'voir' like some students do. Tu ne vois pas un film, tu regardes le film. You don't look at a movie you watch a movie.

28. Répondre - to reply/answer

je réponds

tu réponds

il/elle répond

nous répondons

vous répondez

ils/elles répondent

Un instant, je dois répondre à ma mère. One moment, I need to reply to my mum. Attends s'il te plaît, je dois répondre au téléphone. Wait please, I need to answer the phone.

In these two examples we see that 'je dois', 'I must' is the translation of 'I need to' in English. This is because French don't use the saying 'I need to' like the English do, so stay away from saying 'J'ai besoin de' and use 'je dois' ou 'il faut' instead.

29. Rendre - to give back

    je rends

    tu rends

    il/elle rend

    nous rendons

    vous rendez

    ils/elles rendent

J'ai déjà rendu votre portefeuille. I already gave back your wallet. Tu me rends trop d'argent. You're giving me back too much money.

30. Connaître - to know

    je connais

    tu connais

    il/elle connaît

    nous connaissons

    vous connaissez

    ils/elles connaissent

Je connais cette personne, je l'ai déjà rencontrée. I know this person, I have already met him/her before. Tu connais cette chanson ? Do you know this song?

31. Arriver - to arrive/happen

    j'arrive

    tu arrives

    il/elle arrive

    nous arrivons

    vous arrivez

    ils/elles arrivent

J'arrive ! I'm coming! This is something you'll hear at cafes or other stores when the waiter is busy. It might sound rude that they only say this short phrase but it's totally normal so don't be offended, À quelle heure vas-tu arriver ? What time are you going to come?

32. Sentir - to feel

je sens

tu sens

il/elle sent

nous sentons

vous sentez

ils/elles sentent

Tu n'as pas l'air très bien, tu te sens bien ? You don't look so good, do you feel well? Je me sens très bien, merci. I feel great, thanks!

33. Attendre - to wait

j'attends

tu attends

il/elle attend

nous attendons

vous attendez

ils/elles attendent

J'attends ma sœur après l'école tous les jours. I wait for my sister every day after school.
Did the sentence sound a little weird to you? That's because attendre is not followed by a preposition. Instead it's used with direct object pronouns (le, la, les, nous, vous, me, te). Another example: le chaton attend son dîner. The kitten is waiting for its/his/her dinner.

34. Vivre - to live

je vis

tu vis

il/elle vit

nous vivons

vous vivez

ils/elles vivent

Je vis avec ma meilleure amie du lycée. I live with my best friend from High School.
Il vit en France avec sa femme. He lives in France with his wife.

35. Chercher - to look for

je cherche

tu cherches

il/elle cherche

nous cherchons

vous cherchez

ils/elles cherchent

Je cherche quelqu'un qui peut m'aider. I'm looking for someone who can help me.
'Chercher' is also used to say that you are picking someone up. When you go to pick
someone up you go to look for them. Je vais aller chercher mon ami à la gare. I'm
going to go pick up my friend from the station.

36. Sortir - to go out

je sors

tu sors

il/elle sort

nous sortons

vous sortez

ils/elles sortent

Pendant les mois froids de l'hiver, ma mère porte son manteau vert quand elle sort.
During the cold months of winter my mother wears her green coat when she goes
out.
Like in English, 'sortir' can mean to go out figuratively. Par example: Adam et Clara
sortent ensemble. Adam and Clara are going out, or dating.

37. Comprendre - to understand

je comprends

tu comprends

il/elle comprend

nous comprenons

vous comprenez

ils/elles comprennent

Je ne comprends pas désolé, pouvez-vous le dire d'une autre manière ? I don't understand sorry, can you say it in another way please? Je t'ai compris la première fois. I understood you the first time.

38. Porter - to wear/carry

je porte

tu portes

il/elle porte

nous portons

vous portez

ils/elles portent

Est-ce le nouveau manteau dont tu m'as parlé ? Is that the new coat you told me about? Je peux porter un sac si tu veux. I can carry a bag if you like.

39. Devenir - to become

je deviens

tu deviens

il/elle devient

nous devenons

vous devenez

ils/elles deviennent

Je veux devenir astronaute quand je serai grande, dit la petite fille. I want to become an astronaut when I grow up said the little girl. Il est devenu fou après avoir pris des stéroïdes. He became crazy after taking steroids.

40. Entrer - to enter

j'entre

tu entres

il/elle entre

nous entrons

vous entrez

ils/elles entrent

Tous les étudiants ne pouvaient pas entrer dans la salle de classe. All the students couldn't fit into the classroom. Va-tu entrer dans l'équipe de football ? Are you going to enter the soccer team?

41. Ecrire - to write

j'écris

tu écris

il/elle écrit

nous écrivons

vous écrivez

ils/elles écrivent

Écrivez votre nom de famille sous la ligne. Write your family name under the line. Mon père a écrit un roman l'année dernière. My father wrote a novel last year.

42. Appeler - to call

j'appelle

tu appelles

il/elle appelle

nous appelons

vous appelez

ils/elles appellent

Je vais acheter un chiot dimanche, comment dois-je l'appeler ? I'm going to buy a puppy on Sunday, what should I call him?

A useful phrase at parties or when you forget someone's name is: 'comment tu t'appelles' which should be used in a relaxed settings and 'comment vous appelez-vous' in formal settings. Don't forget the liaison between the 's' and the 'a'.

43. Tomber - to fall

je tombe

tu tombes

il/elle tombe

nous tombons

vous tombez

ils/elles tombent

Je n'aime pas faire de l'équitation parce que j'ai peur de tomber. I don't like horse riding because I'm scared of falling off. Je suis tombée amoureuse de Paris et y suis restée pendant un an. I fell in love with Paris and ended up staying there for a year.

44. Suivre - to follow

je suis

tu suis

il/elle suit

nous suivons

vous suivez

ils/elles suivent

Quelqu'un m'a suivi jusqu'à la maison, c'était vraiment effrayant ! Someone followed me all the way home, it was really scary! Tu suis ce que je dis ou suis-je en train de parler trop vite? Do you follow what I say or am I speaking too quick?

45. Commencer - to begin

je commence

tu commences

il/elle commence

nous commençons

vous commencez

ils/elles commencent

Tu es en retard, j'ai déjà commencé à manger sans toi. You're late, I have already began eating without you. Je ne peux pas commencer la journée sans un verre de jus d'orange. I can not begin the day without having a glass of orange juice.

46. Revenir - to come back

je reviens

tu reviens

il/elle revient

nous revenons

vous revenez

ils/elles reviennent

Je reviens tout de suite, j'ai oublié mes clés dans la voiture. I'll be right back, I have forgot my keys in the car. Allez-vous revenir à la fête plus tard? Are you coming back to the party later?

47. Permettre - to allow

je permets

tu permets

il/elle permet

nous permettons

vous permettez

ils/elles permettent

C'est fou, comment a-t-il permis cela ? That's crazy, how did he allow that? Si le temps le permet, nous irons à la plage ! If the weather allows we will go to the beach!

48. Montrer - to show

je montre

tu montres

il/elle montre

nous montrons

vous montrez

ils/elles montrent

Pouvez-vous me montrer où la station est, s'il vous plaît ? Can you show me where the station is please ? Elle m'a montré où elle habitait. She showed me where she lived.

49. Recevoir - to receive

je reçois

tu reçois

il/elle reçoit

nous recevons

vous recevez

ils/elles reçoivent

J'ai enfin reçu mes achats en ligne aujourd'hui ! I have finally received my online shopping today! Vous recevrez votre salaire tous les quinze jours. You'll receive your salary once a fortnight.

50. Réussir - to succeed

je réussis

tu réussis

il/elle réussit

nous réussissons

vous réussissez

ils/elles réussissent

Elle a réussi à obtenir sa promotion au travail. She succeeded in getting her promotion at work. Ma grand-mère est un conducteur horrible, je ne sais pas comment elle a réussi son examen au permis de conduire. My grandmother is a horrible driver, I don't know how she succeeded in getting her drivers license.

Bonus!

A few chapters from our best seller:

Learn French with Short Stories
The Adventures of Clara

(Search French Hacking on Amazon to find it!)

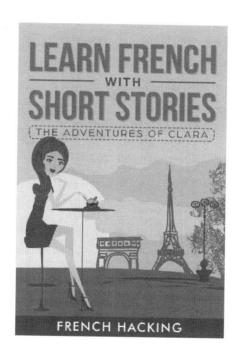

Chapitre 1 - Nouvelle vie, nouvelle aventure

Clara est une **jeune** américaine originaire de New York qui vient d'arriver en France, plus précisément à Lyon, où elle va passer un an. Elle s'installe chez Céline Crespo, sa **correspondante** depuis plus d'un an. Clara est un peu **inquiète**, parce que c'est la première fois qu'elle est si **loin** de chez elle et aussi parce qu'elle se sent un peu **préoccupée** par son **niveau** de français. Céline propose de lui présenter ses amis, qui sont très sympas et **accueillants**, et avec qui elle va **pouvoir** pratiquer son français.

Jeune (m, f) (nom commun) : young

Correspondant (m) (adjectif) : penpal

Inquiète (adjectif) : worried

Loin (adverbe) : far

Préoccuper (verbe) : to worry

Niveau (m) (nom commun) : level

Accueillant (adjectif) : welcoming

Pouvoir (verbe) : to be able to

Par chance, c'est le week-end, les amis de Céline sont donc disponibles pour se réunir. Ils décident de se retrouver chez Paul, une chaîne de **boulangeries** qui fait de très bonnes pâtisseries. Le **rendez-vous** est à 14h, et il est seulement **midi**, elles ont donc un peu de temps à perdre. Clara pense qu'il serait bien de **faire un** petit **tour** en ville et de prendre le métro, pour **découvrir** son **fonctionnement**. On n'est pas encore en **hiver**, mais il fait vraiment **froid** ce jour-là : elles enfilent des vêtements chauds, mettent leurs **manteaux** et sortent.

Par chance (expression) : luckily
Disponible (adjectif) : available
Boulangerie (f) (nom commun) : bakery
Rendez-vous (m) (nom commun) : meeting
Midi (m) (nom commun) : midday
Faire un tour (expression) : to take a walk
Découvrir (verbe) : to discover
Fonctionnement (m) (nom commun) : the way it works
Hiver (m) (nom commun) : winter
Froid (adjectif) : cold
Manteau (m) (nom commun) : coat

- Ma **maison** est environ à 20 minutes de la station Hôtel de Ville, où on va **retrouver** les copains, explique Céline à Clara. On est à Garibaldi, et on doit changer de métro à Bellecour, qui est au centre-ville.

- **Puisqu'**on a le temps, pourquoi ne pas marcher à partir de Bellecour, comme ça je découvre un peu la ville, propose Clara.

Céline trouve l'idée très bonne, et elles **se mettent en route**.

- Le métro fonctionne très bien à Lyon : il est facile à utiliser, et c'est **quasiment** impossible de **se perdre** ! Par exemple, pour acheter un ticket, tu dois simplement **trouver** une machine, il y en dans toutes les stations, sélectionner le ticket dont tu **as besoin** ce jour-là, et payer par carte ou **en liquide**. Voilà, le ticket s'imprime immédiatement et sera vérifié automatiquement en passant les portillons du métro, explique Céline.

Maison (f) (nom commun) : house
Retrouver (verbe) : to meet
Puisque (conjonction) : since
Se mettre en route (expression) : to set out
Quasiment (adverbe) : almost
Se perdre (verbe) : to get lost
Trouver (verbe) : to find
Avoir besoin (verbe) : to need
En liquide (expression) : by cash

Elles **achètent** toutes les deux leurs tickets et **s'assoient** en attendant l'arrivée du métro. Céline explique à Clara qu'il y a beaucoup de métro qui passent à toute heure, et qu'on n'attend donc **jamais plus** de quelques minutes. C'est l'un des points positifs de ce moyen de transport !

Dans chaque wagon, il y a un panneau qui représente la ligne de métro, comme ça on sait **toujours** quel est le prochain arrêt. **Tant qu'**on y fait attention, on sait toujours **où** on se trouve. **Après** quelques stations, elles arrivent à Bellecour, où beaucoup de gens descendent avec elles. C'est l'une des stations les plus importantes de la ville, parce que les gens y changent de ligne ou y descendent pour aller **travailler** dans la zone.

> **Acheter** (verbe) : to buy
> **S'asseoir** (verbe) : to sit down
> **Jamais** (adverbe) : never
> **Plus** (adverbe) : more
> **Toujours** (adverbe) : always
> **Tant que** (locution adverbiale) : as long as
> **Après** (préposition) : after
> **Où** (adverbe) : where
> **Travailler** (verbe) : to work

Clara est impressionnée par ce qu'elle voit en sortant du métro. L'architecture magnifique des **bâtiments**, et les gens si bien **habillés** ! Elles continuent leur chemin vers Paul, et Clara s'étonne de toutes les choses qu'elle voit dans cette ville. Quand elles arrivent au lieu de rendez-vous, elles sont un peu en avance, alors elles décident d'en profiter pour prendre un petit **quelque chose** à **manger**.

> **Bâtiment** (m) (nom commun) : building
> **Habillé** (adjectif) : dressed
> **Quelque chose** (pronom) : something
> **Manger** (verbe) : to eat

- Bonjour, qu'est-ce que je vous sers ? **demande** le **serveur**.

- Un chocolat **chaud** et un croissant pour moi, dit Clara, pendant que Céline **commande** un cappuccino et un pain au chocolat.

- Très bien, ça fait huit euros **soixante-dix**.

- Cette fois c'est moi qui paye, comme c'est ton **premier jour** ! dit Céline.

- Oh, tu es trop gentille !

Demander (verbe) : to ask
Serveur (m) (nom commun) : waiter
Chaud (adjectif) : hot, warm
Commander (verbe) : to order
Soixante-dix (m) (nom commun) : seventy
Premier (adjectif) : first
Jour (m) (nom commun) : day

Les filles prennent leurs **boissons** et leurs pâtisseries, et vont trouver une table où s'installer. Peu de temps après, les amis de Céline arrivent et les **rejoignent** à la table.

- Bonjour **tout le monde** ! Céline les salue en leur faisant la bise, un rapide **bisou** sur chaque **joue**. Voilà mon amie de New York, Clara, elle va habiter avec moi pendant quelques **mois**. Pour le moment elle est **un peu timide**, mais elle aimerait bien pratiquer son français avec vous. Mettons-nous autour de la table et présentons-nous les uns après les autres ! suggère Céline.

Boisson (f) (nom commun) : drink
Rejoindre (verbe) : to join
Tout le monde (locution) : everybody
Bisou (m) (nom commun) : kiss
Joue (f) (nom commun) : cheek
Mois (m) (nom commun) : a month
Un peu (adverbe) : a bit
Timide (adjectif) : shy

- Salut, je m'appelle Léonie et j'ai 15 ans. Mes parents sont allemands **mais** vivent ici, et j'ai habité en France toute ma vie. C'est cool parce que chez moi je parle allemand, mais avec mes amis je parle français !

- Bonjour, moi je m'appelle Adam, j'ai 15 ans aussi, je suis français. Ma famille **vient** du Sud de la France, d'une ville qui s'appelle Antibes et qui se trouve juste **à côté de** Nice.

- Bonjour, je m'appelle María. J'ai 16 ans, je suis espagnole. Je suis en France pour un an, moi aussi je suis là pour **améliorer** mon français !

Wow ! Clara est surprise par la **gentillesse** des amis de Céline, et par leurs différences. Après quelques minutes à **bavarder**, elle se sent déjà **à l'aise** et beaucoup plus sûre de son français. Elle n'est plus du tout inquiète.

Mais (conjonction) : but
Venir (verbe) : to come from

À côté de (locution adverbiale) : next to
Améliorer (verbe) : to improve
Gentillesse (f) (nom commun) : kindness
Bavarder (verbe) : to chat
À l'aise (locution adverbiale) : to be comfortable

Questions (Chapitre 1)

1) Où se retrouvent les amis de Céline ?

    a) Chez MacDo

    b) Chez Paul

    c) Chez Starbucks

    d) Chez Pomme de Pain

2) En quelle saison sommes-nous ?

    a) L'été

    b) Le printemps

    c) L'automne

    d) L'hiver

3) À quelle station descendent-elles ?

    a) Bellecour

    b) Hôtel de Ville

    c) Garibaldi

    d) Grange Blanche

4) Qu'est-ce que Clara commande ?

    a) Un latte

    b) Un capuccino

    c) Un chocolat chaud

    d) Un café au lait

5) D'où vient Adam ?

    a) De Nice

    b) D'Allemagne

    c) D'Espagne

    d) D'Antibes

New life, new adventure

Clara is a young American from New York who has just arrived in France, in Lyon to be precise, where she will spend a year. She moves in with Céline Crespo, who has been her pen pal for over a year. Clara is a little worried, because it is her first time so far from home, and also a little concerned about her level of French. Céline offers to introduce her to her friends, who are very nice and welcoming, and with whom she will be able to practice her French.

Luckily it's the weekend, so Céline's friends are available to get together. They decide to meet at Paul's, a chain of bakeries that make very good pastries. The meeting is at 2 p.m., and it's only midday, so they have a little time to spare. Clara thinks that it would be good to take a little walk in the city and to take the subway to see how it works. It's not winter yet, but today it's really cold: they put on warm clothes, put on their coats, and go out.

"My house is about 20 minutes from Hôtel de Ville station, where we are going to meet my friends," Céline explains to Clara. "We're at Garibaldi, and we have to change metro at Bellecour, which is downtown."

"Since we have time, why don't we walk from Bellecour, so I can discover the city a little," suggests Clara.

Nouvelle vie, nouvelle aventure

Clara est une jeune américaine originaire de New York qui vient d'arriver en France, plus précisément à Lyon, où elle va passer un an. Elle s'installe chez Céline Crespo, sa correspondante depuis plus d'un an. Clara est un peu inquiète, parce que c'est la première fois qu'elle est si loin de chez elle et aussi parce qu'elle se sent un peu préoccupée par son niveau de français. Céline propose de lui présenter ses amis, qui sont très sympas et accueillants, et avec qui elle va pouvoir pratiquer son français.

Par chance, c'est le week-end, les amis de Céline sont donc disponibles pour se réunir. Ils décident de se retrouver chez Paul, une chaîne de boulangeries qui fait de très bonnes pâtisseries. Le rendez-vous est à 14h, et il est seulement midi, elles ont donc un peu de temps à perdre. Clara pense qu'il serait bien de faire un petit tour en ville et de prendre le métro, pour découvrir son fonctionnement. On n'est pas encore en hiver, mais il fait vraiment froid ce jour-là : elles enfilent des vêtements chauds, mettent leurs manteaux et sortent.

"Ma maison est environ à 20 minutes de la station Hôtel de Ville, où on va retrouver les copains," explique Céline à Clara. "On est à Garibaldi, et on doit changer de métro à Bellecour, qui est au centre-ville."

"Puisqu'on a le temps, pourquoi ne pas marcher à partir de Bellecour, comme ça je découvre un peu la ville," propose Clara.

Céline thinks that it is a very good idea, and they set off.

"The metro works very well in Lyon: it's easy to use, and it's almost impossible to get lost! For example, to buy a ticket you just have to find a machine, there are some in every station, select the ticket you need that day, and pay by card or cash. That's it, the ticket is printed immediately and will be checked automatically when passing through the metro gates," explains Céline.

They both buy their tickets, and sit down waiting for the subway to arrive. Céline explains to her that at any time of the day, there are lots of subways, so we never wait more than a few minutes. It is one of the positive points of this means of transport!

In each carriage, there is a poster which represents the line of the subway so that we always know which is the next stop. As long as you pay attention to that, you always know where you are. After a few stations, they arrive at Bellecour, where many people get off with them. It's one of the most important stations in the city because people change lines or get off there to go to work in the area.

Clara is impressed by what she sees when she gets out of the subway. The beautiful architecture of the buildings, and the people so well dressed! They continue on their way to Paul, and Clara is amazed at all the things she sees in this city. When they arrive at the meeting place, they are a little early, so they decide to take advantage and have

Céline trouve l'idée très bonne, et elles se mettent en route.

"Le métro fonctionne très bien à Lyon : il est facile à utiliser, et c'est quasiment impossible de se perdre ! Par exemple, pour acheter un ticket, tu dois simplement trouver une machine, il y en dans toutes les stations, sélectionner le ticket dont tu as besoin ce jour-là, et payer par carte ou en liquide. Voilà, le ticket s'imprime immédiatement et sera vérifié automatiquement en passant les portillons du métro," explique Céline.

Elles achètent toutes les deux leurs tickets et s'assoient en attendant l'arrivée du métro. Céline explique à Clara qu'il y a beaucoup de métro qui passent à toute heure, et qu'on n'attend donc jamais plus de quelques minutes. C'est l'un des points positifs de ce moyen de transport !

Dans chaque wagon, il y a un panneau qui représente la ligne de métro, comme ça on sait toujours quel est le prochain arrêt. Tant qu'on y fait attention, on sait toujours où on se trouve. Après quelques stations, elles arrivent à Bellecour, où beaucoup de gens descendent avec elles. C'est l'une des stations les plus importantes de la ville, parce que les gens y changent de ligne o u y descendent pour aller travailler dans la zone.

Clara est impressionnée par ce qu'elle voit en sortant du métro. L'architecture magnifique des bâtiments, et les gens si bien habillés ! Elles continuent leur chemin vers Paul, et Clara s'étonne de toutes les choses qu'elle voit dans cette ville. Quand elles arrivent au lieu de rendez-vous, elles sont un peu en avance, alors elles décident d'en profiter

a little something to eat.

"Hello, what can I get you?" asks the waiter.

"A hot chocolate and a croissant for me," says Clara, while Céline orders a cappuccino and a pain au chocolat.

"Very well, that's eight euros seventy."

"This time it's me who pays, as it's your first day!" says Céline.

"Oh, you are too nice!"

The girls take their drinks and pastries, and go find a table to sit at. Soon after, Céline's friends arrive and join them at the table.

"Hello everybody!" Céline greets them with a quick kiss on each cheek. "This is my friend from New York, Clara, she is going to live with me for a few months. At the moment she is a bit shy, but she would like to practice her French with you. Let's get around the table and introduce ourselves one after the other!" suggests Céline.

"Hi, my name is Léonie and I'm 15 years old. My parents are German but live here, so I've lived in France all my life. It's cool because at home I speak German, but with my friends I speak French!"

"Hello, my name is Adam, I'm 15 years old too, I'm French. My family comes from the South of France, from a town

pour prendre un petit quelque chose à manger.

"Bonjour, qu'est-ce que je vous sers ?" demande le serveur.

"Un chocolat chaud et un croissant pour moi," dit Clara, pendant que Céline commande un cappuccino et un pain au chocolat.

"Très bien, ça fait huit euros soixante-dix."

"Cette fois c'est moi qui paye, comme c'est ton premier jour ! dit Céline.

"Oh, tu es trop gentille !"

Les filles prennent leurs boissons et leurs pâtisseries, et vont trouver une table où s'installer. Peu de temps après, les amis de Céline arrivent et les rejoignent à la table.

"Bonjour tout le monde !" Céline les salue en leur faisant la bise, un rapide bisou sur chaque joue. "Voilà mon amie de New York, Clara, elle va habiter avec moi pendant quelques mois. Pour le moment elle est un peu timide, mais elle aimerait bien pratiquer son français avec vous. Mettons-nous autour de la table et présentons-nous les uns après les autres !" suggère Céline.

"Salut, je m'appelle Léonie et j'ai 15 ans. Mes parents sont allemands mais vivent ici, et j'ai habité en France toute ma vie. C'est cool parce que chez moi je parle allemand, mais avec mes amis je parle français !"

"Bonjour, moi je m'appelle Adam, j'ai 15 ans aussi, je suis français. Ma famille vient du Sud de la France, d'une ville

called Antibes, which is just next to Nice."

"Hello, my name is María. I'm 16 years old, I'm Spanish. I'm in France for a year, I'm here to improve my French too!"

Wow! Clara is surprised by the kindness of Céline's friends, and by their differences. After a few minutes of chatting, she already feels at ease and much more confident about her French. She's not worried at all.

qui s'appelle Antibes et qui se trouve juste à côté de Nice."

"Bonjour, je m'appelle María. J'ai 16 ans, je suis espagnole. Je suis en France pour un an, moi aussi je suis là pour améliorer mon français !"

Wow ! Clara est surprise par la gentillesse des amis de Céline, et par leurs différences. Après quelques minutes à bavarder, elle se sent déjà à l'aise et beaucoup plus sûre de son français. Elle n'est plus du tout inquiète.

Questions (Chapter 1)

1) Where do Céline's friends meet?

a) At MacDo's

b) Paul's

c) Starbucks

d) At Pomme de Pain

2) What season is it?

a) Summer

b) Spring

c) Fall

d) Winter

3) Which station do they go down to?

a) Bellecour

b) Hôtel de Ville

c) Garibaldi

d) Grange Blanche

4) What does Clara order?

a) A latte

b) A cappuccino

c) A hot chocolate

d) A coffee with milk

5) Where is Adam from?

a) From Nice

b) Germany

c) Spain

d) From Antibes

Questions (Chapitre 1)

1) Où se retrouvent les amis de Céline ?

    a) Chez MacDo

    b) Chez Paul

    c) Chez Starbucks

    d) Chez Pomme de Pain

2) En quelle saison sommes-nous ?

    a) L'été

    b) Le printemps

    c) L'automne

    d) L'hiver

3) À quelle station descendent-elles ?

    a) Bellecour

    b) Hôtel de Ville

    c) Garibaldi

    d) Grange Blanche

4) Qu'est-ce que Clara commande ?

    a) Un latte

    b) Un capuccino

    c) Un chocolat chaud

    d) Un café au lait

5) D'où vient Adam ?

    a) De Nice

    b) D'Allemagne

    c) D'Espagne

    d) D'Antibes

Chapitre 2 - Le début de l'année scolaire

Demain est un grand jour : c'est **la rentrée des classes**. Dans les premiers jours de septembre, tous les enfants français **retournent** à l'école. Clara est très impatiente de **découvrir** le lycée ! Céline lui a expliqué que l'école française se fait en quatre **étapes** : la maternelle pour les petits entre trois et cinq ans, puis la primaire pour les enfants qui ont entre six et dix ans, ensuite le collège pour les enfants de onze à quatorze ans, et enfin le lycée pour les adolescents de quinze à dix-huit ans. Céline et Clara vont entrer au lycée ensemble. Le petit frère de Céline, Matéo, est encore au collège. Il a seulement treize ans.

Pour se préparer, toute la famille va au **supermarché** pour acheter les **fournitures scolaires**. Il y a beaucoup de monde ! La mère de Céline, Florence, a fait une liste des choses à acheter.

- Bon, on va commencer par choisir un nouveau **sac-à-dos** pour Matéo, parce que celui de l'année **dernière** est cassé. Qu'est-ce que tu penses de ce sac-à-dos Spiderman ? demande Florence.

- Mais c'est pour les bébés ! Je veux un sac normal, comme **celui-là**. Il est complètement noir, et il est cool, répond Matéo.

- Bon, comme tu veux ! Maintenant, choisissez tous un agenda. Faites attention, il doit être assez grand pour pouvoir écrire tous vos **devoirs**, ajoute Florence.

- Je n'ai pas envie d'avoir des devoirs tous les soirs... Pourquoi est-ce que les vacances ne durent pas toujours ? se plaint Céline.

Rentrée des classes (f) (locution nominale) : the start of the school year

Retourner à (verbe) : to come back to

Découvrir (verbe) : to discover

Étape (f) (nom commun) : step

Supermarché (m) (nom commun) : supermarket

Fournitures scolaires (f, pl) (nom commun) : school supplies

Sac-à-dos (m) (nom commun) : backpack

Dernier (adjectif) : last

Celui-là (pronom) : that one

Agenda (m) (nom commun) : diary

Devoirs (m, pl) (nom commun) : homework

Après les agendas, ils vont chercher des **cahiers**, des **stylos** et des **crayons**. Un **stylo-plume**, un stylo rouge, un stylo vert, un **surligneur**, et des crayons à papier pour faire les exercices. Ils achètent aussi des **crayons de couleur** et de la **peinture** pour le cours d'arts plastiques. Pour le cours de sport, ils ont besoin d'un **survêtement** et de **baskets**. Tous les ans, en septembre, les supermarchés proposent toutes ces choses : pas besoin d'aller dans différents magasins. C'est plus pratique ! Il y a même des **blouses blanches** pour le cours de **chimie** des filles. Tout ce **matériel scolaire**, cela représente beaucoup d'**argent**.

Cahier (m) (nom commun) : notebook

Stylo (m) (nom commun) : pen

Crayon (à papier) (m) (nom commun) : pencil

Stylo-plume (m) (nom commun) : fountain pen

Surligneur (m) (nom commun) : highlighter

Crayon de couleur (m) (nom commun) : colored pencil

Peinture (f) (nom commun) : paint

Survêtement (m) (nom commun) : tracksuit

Baskets (f, pl) (nom commun) : sneakers

Blouse blanche (f) (nom commun) : lab coat

Chimie (f) (nom commun) : chemistry

Matériel scolaire (m) (nom commun) : school supplies

Argent (m) (nom commun) : money

Le soir, les enfants vont tous **se coucher tôt**. Et le lendemain, quand le **réveil sonne** à six heures quarante cinq, Clara **se réveille** difficilement ! Elle **s'habille, se coiffe**, et va prendre son **petit déjeuner**. Céline est déjà installée à table, avec un bol de chocolat chaud et des **tartines**. Clara se prépare un café au lait, et fait griller du pain pour se faire des tartines. Les Français mangent leurs tartines avec du **beurre**, de la **confiture**, ou du Nutella. Mais Clara a apporté un pot de **beurre de cacahuètes** pour se sentir comme à la maison ! Grâce à elle, Matéo en a goûté pour la première fois, et maintenant il en mange tous les matins.

Se coucher (verbe) : to go to bed

Tôt (adverbe) : early

Réveil (m) (nom commun) : alarm clock

Sonner (verbe) : to ring

Se réveiller (verbe) : to wake up

S'habiller (verbe) : to dress

Se coiffer (verbe) : to make one's hair

Petit déjeuner (m) (nom commun) : breakfast

Tartine (f) (nom commun) : toast

Beurre (m) (nom commun) : butter

Confiture (f) (nom commun) : jam

Beurre de cacahuète (m) (nom commun) : peanut butter

Goûter (verbe) : to taste, to try some food

Sur le chemin de l'école, les filles **retrouvent** María, qui habite à côté. Quand elles arrivent au lycée, Clara est un peu impressionnée par tous ces gens qu'elle ne connaît pas. Heureusement, dans la **cour de récréation**, elle reconnaît rapidement les amis de Céline. Sur un **mur**, la liste des élèves a été affichée classe par classe. À huit heures, la **sonnerie** indique qu'il faut se diriger vers sa **salle de classe**. Une deuxième sonnerie dix minutes plus tard indique l'heure limite pour entrer : Céline explique que si un élève arrive plus tard, il sera **puni**.

Retrouver (verbe) : to meet

Cour de récréation (f) (nom commun) : schoolyard

Mur (m) (nom commun) : wall

Sonnerie (f) (nom commun) : bell

Salle de classe (f) (nom commun) : classroom

Puni (adjectif) : punished

Tous les élèves de la classe se présentent. La nationalité de Clara **attire** beaucoup **l'attention** ! Ils lui posent beaucoup de questions, ils veulent tout savoir sur sa vie aux États-Unis. Le professeur distribue les **emplois du temps**, et Clara est contente de voir que, le mardi, ils ne commencent qu'à dix heures : elle va pouvoir **se lever** un peu plus tard !

Le midi, tout le monde mange à la **cantine** : en France, l'école organise et sert le

repas des élèves. Les menus sont validés par le **conseil d'administration** et par un nutritionniste. En entrée, Clara choisit une salade d'**endives**, parce qu'elle n'a jamais goûté ça auparavant. Comme plat principal, elle prend du **poisson** avec de la **purée** et des **haricots verts**. Et, en dessert, on peut choisir un **produit laitier** et un fruit ou un **gâteau**.

- Pourquoi il y a des assiettes de fromage en dessert ? demande Clara.

- En France, traditionnellement, on mange le fromage **entre** le plat et le dessert. Aujourd'hui, il y a du camembert et du gruyère, c'est très bon. Moi, je prends ça, et une **part** de gâteau aux **amandes**, dit Céline.

Attirer l'attention (locution verbale) : to draw attention
Emploi du temps (m) (nom commun) : schedule
Se lever (verbe) : to get up
Cantine (f) (nom commun) : canteen
Repas (m) (nom commun) : meal
Conseil d'administration (m) (nom commun) : school board
Endive (f) (nom commun) : chicory
Poisson (m) (nom commun) : fish
Purée (f) (nom commun) : mashed potatoes
Haricot vert (m) (nom commun) : green bean
Produit laitier (m) (nom commun) : dairy product
Gâteau (m) (nom commun) : cake
Entre (préposition) : between
Part (f) (nom commun) : slice
Amande (f) (nom commun) : almond

Questions (Chapitre 2)

1) Comment s'appelle l'école pour un adolescent de 17 ans ?

    a) La maternelle

    b) L'école primaire

    c) Le collège

    d) Le lycée

2) Comment s'appelle l'école pour un enfant de 13 ans ?

    a) La maternelle

    b) L'école primaire

    c) Le collège

    d) Le lycée

3) Que mange Clara pour le petit déjeuner ?

    a) Un chocolat chaud et des tartines de beurre

    b) Un café au lait et des tartines de confiture

    c) Un café au lait et des tartines de beurre de cacahuètes

    d) Un chocolat chaud et des tartines de beurre de cacahuètes

4) À quelle heure commencent vraiment les cours ?

    a) Six heures quarante-cinq

    b) Huit heures trente

    c) Huit heures dix

    d) Huit heures

5) Comment s'organise le repas du midi dans les écoles françaises ?

    a) Les enfants apportent leurs sandwiches

    b) Les enfants vont dans un

The beginning of the school year

Tomorrow is a big day: it's the start of the school year. In the first days of September, all French children come back to school. Clara is very impatient to discover the high school! Céline explained to her that the French school has three stages: kindergarten and primary school, for children between three and ten years old, then middle school for children aged eleven to fourteen, and high school for adolescents aged fifteen to eighteen. Céline and Clara will enter high school together. Céline's little brother Matéo is still in college. He's only thirteen.

To prepare, the whole family goes to the supermarket to buy school supplies. There are a lot of people! Céline's mother, Florence, has a list of all the things to buy.

"Well, we'll start by choosing a new backpack for Matéo, because last year's one is broken. What do you think of this Spiderman backpack?" asks Florence.

"But it's for babies! I want a normal bag, like that one. It's completely black, and it's cool," replies Matéo.

"As you wish! Now all you have to do is choose a diary. Be careful, it must be large enough to be able to write all your homework," adds Florence.

"I don't feel like having homework every night... Why don't the holidays

restaurant à côté de l'école

c) Les enfants rentrent chez eux

d) Les enfants vont à la cantine de l'école

last forever?" complains Céline.

After the diaries, they go to get notebooks, pens and pencils. A fountain pen, a red pen, a green pen, a highlighter, and pencils for doing the exercises. They also buy colored pencils and paint for art class. For sports class, they need a tracksuit, and sneakers. Every year in September, supermarkets carry all of these things: you don't have to go to different stores. It is more convenient! There are even white lab coats for the girls' chemistry class. All these school supplies means a lot of money.

Tonight the kids all go to bed early. When the alarm clock rings at six forty five, Clara wakes up with difficulty! She gets dressed, makes her hair, and goes to have breakfast. Céline is already seated at the table, with a bowl of hot chocolate and toast. Clara prepares a coffee with milk and toasts bread for herself. The French eat their sandwiches with butter, jam, or Nutella. But Clara brought a jar of peanut butter to make her feel right at home! Matéo first tasted peanut butter thanks to her, and now he eats it every morning.

On the way, the girls meet María, who lives nearby. When they get to high school, Clara is a bit in awe of all these people she doesn't know. Fortunately, in the schoolyard she quickly recognizes Céline's friends. On a wall, lists of students classes are published class by class. At eight o'clock, the bells signals to

Le début de l'année scolaire

Demain est un grand jour : c'est la rentrée des classes. Dans les premiers jours de septembre, tous les enfants français retournent à l'école. Clara est très impatiente de découvrir le lycée ! Céline lui a expliqué que l'école française se fait en quatre étapes : la maternelle pour les petits entre trois et cinq ans, puis la primaire pour les enfants qui ont entre six et dix ans, ensuite le collège pour les enfants de onze à quatorze ans, et enfin le lycée pour les adolescents de quinze à dix-huit ans. Céline et Clara vont entrer au lycée ensemble. Le petit frère de Céline, Matéo, est encore au collège. Il a seulement treize ans.

Pour se préparer, toute la famille va au supermarché pour acheter les fournitures scolaires. Il y a beaucoup de monde ! La mère de Céline, Florence, a fait une liste des choses à acheter.

"Bon, on va commencer par choisir un nouveau sac-à-dos pour Matéo, parce que celui de l'année dernière est cassé. Qu'est-ce que tu penses de ce sac-à-dos Spiderman ?" demande Florence.

"Mais c'est pour les bébés ! Je veux un sac normal, comme celui-là. Il est complètement noir, et il est cool," répond Matéo.

"Bon, comme tu veux ! Maintenant, choisissez tous un agenda. Faites attention, il doit être assez grand pour pouvoir écrire tous vos devoirs," ajoute Florence.

"Je n'ai pas envie d'avoir des devoirs tous les soirs... Pourquoi est-ce que les go to the classroom. A second bell ten minutes later indicates the maximum time to enter: Céline explains that if a student arrives later, he will be punished.

All the students in the class introduce themselves. Clara's nationality draws a lot of attention! They ask her a lot of questions, they want to know everything about her life in the United States. The teacher distributes the schedule, Clara is happy to see that on Tuesday they start at ten o'clock: she will be able to wake up a little later!

At noon, everyone eats in the canteen: in France, the school organizes and serves meals for the students. The menus are validated by the school board of directors and by a nutritionist. As a starter, Clara chooses a chicory salad because she has never tasted it before. As a main course, she takes fish with mashed potatoes and green beans. And for dessert, you can choose a dairy product and a fruit or cake.

"Why are there cheese plates for dessert? asks Clara.

"In France, traditionally, we eat cheese between the main course and the dessert. Today, there is Camembert, and Gruyère, it's very good. I'm going to take this, and a slice of almond cake," says Céline.

vacances ne durent pas toujours ?" se plaint Céline.

Après les agendas, ils vont chercher des cahiers, des stylos et des crayons. Un stylo-plume, un stylo rouge, un stylo vert, un surligneur, et des crayons à papier pour faire les exercices. Ils achètent aussi des crayons de couleur et de la peinture pour le cours d'arts plastiques. Pour le cours de sport, ils ont besoin d'un survêtement et de baskets. Tous les ans, en septembre, les supermarchés proposent toutes ces choses : pas besoin d'aller dans différents magasins. C'est plus pratique ! Il y a même des blouses blanches pour le cours de chimie des filles. Tout ce matériel scolaire, cela représente beaucoup d'argent.

Le soir, les enfants vont tous se coucher tôt. Et le lendemain, quand le réveil sonne à six heures quarante cinq, Clara se réveille difficilement ! Elle s'habille, se coiffe, et va prendre son petit déjeuner. Céline est déjà installée à table, avec un bol de chocolat chaud et des tartines. Clara se prépare un café au lait, et fait griller du pain pour se faire des tartines. Les français mangent leurs tartines avec du beurre, de la confiture, ou du Nutella. Mais Clara a apporté un pot de beurre de cacahuètes pour se sentir comme à la maison ! Grâce à elle, Matéo en a goûté pour la première fois, et maintenant il en mange tous les matins.

Sur le chemin de l'école, les filles retrouvent María, qui habite à côté. Quand elles arrivent au lycée, Clara est un peu impressionnée par tous ces gens qu'elle ne connaît pas. Heureusement, dans la cour de récréation, elle reconnaît rapidement les amis de Céline. Sur un mur, la liste des élèves a été affichée

Questions (Chapter 2)

1) What is school called for a 17 year old?

a) Kindergarden

b) Primary school

c) College

d) High school

2) What is school called for a 13 year old?

a) Kindergarden

b) Primary school

c) College

d) High school

3) What does Clara eat for breakfast?

a) Hot chocolate and butter toast

b) A coffee with milk and jam toast

c) A coffee with milk and peanut butter toast

d) Hot chocolate and peanut butter toast

4) What time do classes really start?

a) Six forty-five

b) Eight-thirty

c) Ten past eight

d) Eight o'clock

5) How is the midday meal organized in French schools?

a) Children bring their sandwich

b) The children go to a restaurant next to the school

classe par classe. À huit heures, la sonnerie indique qu'il faut se diriger vers sa salle de classe. Une deuxième sonnerie dix minutes plus tard indique l'heure limite pour entrer : Céline explique que si un élève arrive plus tard, il sera puni.

Tous les élèves de la classe se présentent. La nationalité de Clara attire beaucoup l'attention ! Ils lui posent beaucoup de questions, ils veulent tout savoir sur sa vie aux États-Unis. Le professeur distribue les emplois du temps, et Clara est contente de voir que, le mardi, ils ne commencent qu'à dix heures : elle va pouvoir se lever un peu plus tard !

Le midi, tout le monde mange à la cantine : en France, l'école organise et sert le repas des élèves. Les menus sont validés par le conseil d'administration et par un nutritionniste. En entrée, Clara choisit une salade d'endives, parce qu'elle n'a jamais goûté ça auparavant. Comme plat principal, elle prend du poisson avec de la purée et des haricots verts. Et, en dessert, on peut choisir un produit laitier et un fruit ou un gâteau.

"Pourquoi il y a des assiettes de fromage en dessert ?" demande Clara.

"En France, traditionnellement, on mange le fromage entre le plat et le dessert. Aujourd'hui, il y a du camembert et du gruyère, c'est très bon. Moi, je prends ça, et une part de gâteau aux amandes," dit Céline.

c) The children go home

d) The children go to the school canteen

Questions (Chapitre 2)

1) Comment s'appelle l'école pour un adolescent de 17 ans ?

    a) La maternelle

    b) L'école primaire

    c) Le collège

    d) Le lycée

2) Comment s'appelle l'école pour un enfant de 13 ans ?

    a) La maternelle

    b) L'école primaire

    c) Le collège

    d) Le lycée

3) Que mange Clara pour le petit déjeuner ?

    a) Un chocolat chaud et des tartines de beurre

    b) Un café au lait et des tartines de confiture

    c) Un café au lait et des tartines de beurre de cacahuètes

    d) Un chocolat chaud et des tartines de beurre de cacahuètes

4) À quelle heure commencent vraiment les cours ?

    a) Six heures quarante-cinq

    b) Huit heures trente

    c) Huit heures dix

    d) Huit heures

5) Comment s'organise le repas du midi dans les écoles françaises ?

    a) Les enfants apportent leurs sandwiches

    b) Les enfants vont dans un restaurant à côté de l'école

    c) Les enfants rentrent chez eux

    d) Les enfants vont à la cantine de l'école

Chapitre 3 - La maison de mon frère

Cela fait trois **semaines** que Clara est en France. Comme Céline l'emmène **partout** avec elle, elle parle **déjà** beaucoup mieux français ! Aujourd'hui, elles vont rendre visite à son **grand frère**, Marc. Céline propose d'y aller à pied, parce que c'est seulement à vingt minutes et que le trajet est **agréable**.

- En sortant de chez moi, on prend la rue Garibaldi pendant cinq cent mètres, on tourne à **gauche**, et on continue **tout droit** en direction du pont Wilson. C'est facile. **On y va ?** propose Céline.

Semaine (f) (nom commun) : week
Partout (adverbe) : everywhere
Déjà (adverbe) : already
Grand frère (m) (nom commun) : big brother
Agréable (adjectif) : nice
Gauche (adjectif) : left
Tout droit (locution adverbiale) : straight ahead
On y va (expression) : let's go

Son frère habite une belle rue haussmannienne, au **troisième étage** d'un vieux bâtiment du dix-neuvième **siècle**. Clara est impressionnée par l'architecture de la ville ! Depuis qu'elle est en France, elle voit tous les jours des immeubles très anciens. Elle prend tout le temps des photos, qu'elle **envoie** à sa famille et à ses amis. Le seul problème, c'est qu'il n'y a pas d'ascenseur, elles sont donc obligées de prendre les **escaliers**. Quand elles arrivent, Marc et sa femme les **accueillent**.

- Bonjour les **filles**, bienvenue ! les salue Marc. Clara, c'est un plaisir de te rencontrer. Je te présente Isabelle, ma femme, et notre petite fille Lucie.

- Bonjour ! Comme votre fille est jolie, félicitations ! J'aime beaucoup votre appartement, dit Clara.

- Oh oui, on l'adore, répond Isabelle. Malheureusement, on va devoir **déménager**. Avec la naissance du bébé, l'appartement est devenu trop petit pour notre famille. Lucie a **seulement** six mois, mais c'est déjà compliqué de vivre ici.

> **Troisième étage** (m) (nom commun) : third floor
> **Siècle** (m) (nom commun) : century
> **Envoyer** (verbe) : to send
> **Escaliers** (m, pl) (nom commun) : stairs
> **Accueillir** (verbe) : to welcome
> **Fille** (f) (nom commun) : daughter / girl
> **Déménager** (verbe) : to move in/out
> **Seulement** (adverbe) : only

Ils **montrent** l'appartement aux deux amies. Le **salon** est grand et très lumineux. Le balcon est décoré avec beaucoup de plantes et deux **chaises** rouges. **À côté de** la porte de la cuisine, il y a un **couloir** pour se rendre dans la **chambre** ou dans la **salle de bain**. La chambre est très petite : le **lit** occupe quasiment tout l'espace ! Sur les **murs**, Clara regarde les photos de famille et des copies de **tableaux**. Elle reconnaît un tableau de **Monet** qu'elle a vu, un jour, au **MoMA**. Isabelle lui explique qu'elle l'a acheté dans la boutique du musée !

- Je suis allée à New York pendant deux mois quand j'étais étudiante, pour améliorer mon anglais. J'habitais à Brooklyn, et j'étudiais dans un petit institut. Ce sont de super **souvenirs** ! explique Isabelle.

> **Montrer** (verbe) : to show
> **Salon** (m) (nom commun) : living room
> **Chaise** (f) (nom commun) : chair
> **À côté de** (locution adverbiale) : next to
> **Couloir** (m) (nom commun) : hallway
> **Chambre** (f) (nom commun) : bedroom
> **Salle de bain** (f) (nom commun) : bathroom

Lit (m) (nom commun) : bed
Mur (m) (nom commun) : wall
Tableau (m) (nom commun) : painting
Monet (nom propre) : French painter
MoMA (nom propre) : museum of modern art (in New York)
Souvenir (m) (nom commun) : memory

Céline est très curieuse : elle pose plein de questions à Isabelle sur New York, parce qu'elle aussi a très envie d'aller y étudier l'anglais !

Pendant ce temps, Marc fait du café, et il apporte de petits **gâteaux** que Clara ne connaît pas. Ils s'installent à table. Isabelle lui explique que ces gâteaux s'appellent des cannelés, et qu'ils sont typiques de la région de Bordeaux, dans l'Ouest de la France.

- Combien de **sucres** tu prends dans ton café, Clara ? demande Marc.

- Deux, s'il te plait, répond Clara. Est-ce que je peux avoir du **lait** ?

Céline demande à son frère dans quel **quartier** ils **cherchent** leur nouvel appartement.

- En périphérie de la ville... **Même si** on adore habiter ici, parce qu'on est dans le centre, c'est un peu trop **cher** pour nous. En plus, le travail d'Isabelle est très loin, elle passe beaucoup de temps dans les transports, et c'est **fatigant**, dit Marc.

- On va essayer d'acheter une petite maison avec un **jardin** : j'ai envie de voir ma fille jouer **dehors**. On voudrait aussi adopter un **chien** ! ajoute Isabelle.

Gâteau (m) (nom commun) : cake
Sucre (m) (nom commun) : sugar
Lait (m) (nom commun) : milk
Quartier (m) (nom commun) : neighborhood
Chercher (verbe) : to look for
Même si (locution conjonction) : even if
Cher (adjectif) : expensive
Fatigant (adjectif) : tiring
Jardin (m) (nom commun) : garden
Dehors (adverbe) : outside
Chien (m) (nom commun) : dog

Pour le moment, ils ont visité trois maisons. La **première** est très **proche du** centre, mais elle n'a pas de jardin. La **deuxième** est **énorme** : elle a trois chambres, deux salles de bain, un salon, une **salle à manger**, une grande cuisine moderne, une **piscine**. Mais elle est **au bord** d'une grande route, des voitures passent jour et nuit, c'est **insupportable**. Ce n'est vraiment pas une bonne option. La troisième est parfaite : elle a un joli jardin, deux grandes chambres, et ils se sont sentis chez eux immédiatement.

Premier (adjectif) : first
Proche de (adjectif + préposition) : close to
Deuxième (adjectif) : the second
Enorme (adjectif) : huge
Salle à manger (f) (nom commun) : dining room
Piscine (f) (nom commun) : pool
Au bord de (locution adverbiale + préposition) : beside, next to
Insupportable (adjectif) : unbearable

- Le problème, c'est qu'elle est un peu trop chère. On va téléphoner au propriétaire pour négocier le prix. Je suis **tombée amoureuse** de cette maison ! dit Isabelle.

Ils **bavardent** et boivent leur café, quand soudain le bébé **commence** à **pleurer**. Les filles pensent qu'il est l'heure de **partir** pour les laisser tranquilles : il est déjà dix-huit heures. Elles **remercient** le couple, **surtout** pour les gâteaux que Clara a beaucoup aimés ! Elles promettent de **revenir** les voir **bientôt**.

Tomber amoureux (locution verbale) : to fall in love
Bavarder (verbe) : to chat
Commencer (verbe) : to start
Pleurer (verbe) : to cry
Partir (verbe) : to leave
Remercier (verbe) : to thank
Surtout (adverbe) : especially
Revenir (verbe) : to come back
Bientôt (adverbe) : soon

Questions (Chapitre 3)

1) Qui est Marc ?

    a) Un ami d'Isabelle

    b) Le frère de Clara

    c) Le voisin de Céline

    d) Le frère de Céline

2) Pourquoi va-t-il déménager ?

    a) Il s'installe avec Isabelle

    b) Il s'installe avec Lucie

    c) Son appartement est trop petit

    d) Il n'aime pas son appartement actuel

3) Pourquoi Isabelle est-elle allée à New York ?

    a) Pour son travail

    b) Pour améliorer son anglais

    c) Pour les vacances

    d) Pour voir sa famille

4) Combien de temps est-elle restée à New York ?

    a) Un mois

    b) Deux mois

    c) Trois mois

    d) Quatre mois

5) Quel animal de compagnie veulent-ils adopter ?

    a) Un canari

    b) Un chat

    c) Un hamster

    d) Un chien

La maison de mon frère

Cela fait trois semaines que Clara est en France. Comme Céline l'emmène partout avec elle, elle parle déjà beaucoup mieux français ! Aujourd'hui, elles vont rendre visite à son grand frère, Marc. Céline propose d'y aller à pied, parce que c'est seulement à vingt minutes et que le trajet est agréable.

"En sortant de chez moi, on prend la rue Garibaldi pendant cinq cent mètres, on tourne à gauche, et on continue tout droit en direction du pont Wilson. C'est facile. On y va ?" propose Céline.

Son frère habite une belle rue haussmannienne, au troisième étage d'un vieux bâtiment du dix-neuvième siècle. Clara est impressionnée par l'architecture de la ville ! Depuis qu'elle est en France, elle voit tous les jours des immeubles très anciens. Elle prend tout le temps des photos, qu'elle envoie à sa famille et à ses amis. Le seul problème, c'est qu'il n'y a pas d'ascenseur, elles sont donc obligées de prendre les escaliers. Quand elles arrivent, Marc et sa femme les accueillent.

"Bonjour les filles, bienvenue !" les salue Marc. "Clara, c'est un plaisir de te rencontrer. Je te présente Isabelle, ma femme, et notre petite fille Lucie."

"Bonjour ! Comme votre fille est jolie, félicitations ! J'aime beaucoup votre appartement," dit Clara.

"Oh oui, on l'adore," répond Isabelle. "Malheureusement, on va devoir déménager. Avec la naissance du bébé, l'appartement est devenu trop petit pour notre famille. Lucie a seulement

My brother's house

Clara has been in France for three weeks. As Céline takes her everywhere with her, she already speaks French much better! Today they are going to visit her big brother, Marc. Céline suggests going there by foot because it's only twenty minutes away, and the journey is nice.

"When leaving my house, take Garibaldi road for five hundred meters, turn left, and continue straight ahead towards the Wilson bridge. It's easy. Let's go?" suggests Céline.

His brother lives on a beautiful Haussmann street, on the third floor of an old nineteenth-century building. Clara is in awe of the city's architecture! Since moving to France, she sees very old buildings every day. She takes pictures all the time, which she sends to family and friends. The only problem is there is no elevator, they have to take the stairs. When they arrive, Marc and his wife welcome them.

"Hello girls, welcome!" Marc greets them. "Clara, it's a pleasure to meet you. This is Isabelle, my wife, and our little girl Lucie."

"Hello! Your daughter is so pretty, congratulations! I like your apartment very much," says Clara.

"Oh yes, we love it," replies Isabelle. "Unfortunately we will have to move out. With the birth of the baby, the apartment is too small for our family. Lucie is only six months old, but living

six mois, mais c'est déjà compliqué de vivre ici."

here is already difficult."

Ils montrent l'appartement aux deux amies. Le salon est grand et très lumineux. Le balcon est décoré avec beaucoup de plantes et deux chaises rouges. À côté de la porte de la cuisine, il y a un couloir pour se rendre dans la chambre ou dans la salle de bain. La chambre est très petite : le lit occupe quasiment tout l'espace ! Sur les murs, Clara regarde les photos de famille et des copies de tableaux. Elle reconnaît un tableau de Monet qu'elle a vu, un jour, au MoMA. Isabelle lui explique qu'elle l'a acheté dans la boutique du musée !

They show the apartment to the two friends. The living room is large, and very bright. The balcony is decorated with lots of plants, with two red chairs. Next to the kitchen door there is a hallway, to go to the bedroom or to the bathroom. The bedroom is very small: the bed takes up most of the space! On the walls, Clara sees family photos, and copies of paintings. She recognizes a painting by Monet that she saw one day at the Museum of Modern Art (MoMA). Isabelle explains to her that she bought it in the museum shop!

"Je suis allée à New York pendant deux mois quand j'étais étudiante, pour améliorer mon anglais. J'habitais à Brooklyn, et j'étudiais dans un petit institut. Ce sont de super souvenirs !" explique Isabelle.

"I went to New York for two months when I was a student, to improve my English. I lived in Brooklyn, and I studied at a small institute. They are great memories!" explains Isabelle.

Céline est très curieuse : elle pose plein de questions à Isabelle sur New York, parce qu'elle aussi a très envie d'aller y étudier l'anglais !

Céline is very curious: she asks Isabelle a lot of questions about New York, because she's also very keen to study English there!

Pendant ce temps, Marc fait du café, et il apporte de petits gâteaux que Clara ne connaît pas. Ils s'installent à table. Isabelle lui explique que ces gâteaux s'appellent des cannelés, et qu'ils sont typiques de la région de Bordeaux, dans l'Ouest de la France.

Meanwhile, Marc makes coffee, and he brings little cakes that Clara does not know. They sit down at the table. Isabelle explains that these cakes are called cannelés, and that they are typical of the Bordeaux region in western France.

"Combien de sucres tu prends dans ton café, Clara ?" demande Marc.

"How many sugars do you want in your coffee, Clara?" asks Marc.

"Deux, s'il te plait," répond Clara. "Est-ce que je peux avoir du lait ?"

"Two please," replies Clara. "Can I have milk?"

Céline demande à son frère dans quel

Céline asks her brother in which

quartier ils cherchent leur nouvel appartement.

"En périphérie de la ville... Même si on adore habiter ici, parce qu'on est dans le centre, c'est un peu trop cher pour nous. En plus, le travail d'Isabelle est très loin, elle passe beaucoup de temps dans les transports, et c'est fatigant," dit Marc.

"On va essayer d'acheter une petite maison avec un jardin : j'ai envie de voir ma fille jouer dehors. On voudrait aussi adopter un chien !" ajoute Isabelle.

Pour le moment, ils ont visité trois maisons. La première est très proche du centre, mais elle n'a pas de jardin. La deuxième est énorme : elle a trois chambres, deux salles de bain, un salon, une salle à manger, une grande cuisine moderne, une piscine. Mais elle est au bord d'une grande route, des voitures passent jour et nuit, c'est insupportable. Ce n'est vraiment pas une bonne option. La troisième est parfaite : elle a un joli jardin, deux grandes chambres, et ils se sont sentis chez eux immédiatement.

"Le problème, c'est qu'elle est un peu trop chère. On va téléphoner au propriétaire pour négocier le prix. Je suis tombée amoureuse de cette maison !" dit Isabelle.

Ils bavardent et boivent leur café, quand soudain le bébé commence à pleurer. Les filles pensent qu'il est l'heure de partir pour les laisser tranquilles : il est déjà dix-huit heures. Elles remercient le couple, surtout pour les gâteaux que Clara a beaucoup aimés ! Elles promettent de revenir les voir bientôt.

neighborhood they're looking for their new apartment.

"On the outskirts of the city... Even if we love living here, because we're in the center, it's a bit too expensive for us. Also, Isabelle's job is very far away, she spends a lot of time on transport, and it is tiring," says Marc.

"We are going to try to buy a small house with a garden: I want to see my daughter playing outside. We also want to adopt a dog!" adds Isabelle.

So far, they have visited three houses. The first one is very close to the center, but it has no garden. The second one is huge: it has three bedrooms, two bathrooms, a living room, a dining room, a big modern kitchen, a swimming pool. But it is next to a big road, cars pass by day and night, it's unbearable. It's really not a good option. The third one is perfect: it has a nice garden, two big bedrooms, and they felt at home immediately.

"The problem is it's a little too expensive. We'll call the owner to negotiate the price. I fell in love with this house!" says Isabelle.

They are chatting and drinking their coffee, when suddenly the baby starts to cry. The girls think it's time to leave them in peace: it's already six o'clock. They thank the couple, especially for the cakes, which Clara really liked! They promise to come back to see them soon.

Questions (Chapitre 3)

1) Qui est Marc ?

    a) Un ami d'Isabelle

    b) Le frère de Clara

    c) Le voisin de Céline

    d) Le frère de Céline

2) Pourquoi va-t-il déménager ?

    a) Il s'installe avec Isabelle

    b) Il s'installe avec Lucie

    c) Son appartement est trop petit

    d) Il n'aime pas son appartement actuel

3) Pourquoi Isabelle est-elle allée à New York ?

    a) Pour son travail

    b) Pour améliorer son anglais

    c) Pour les vacances

    d) Pour voir sa famille

4) Combien de temps est-elle restée à New York ?

    a) Un mois

    b) Deux mois

    c) Trois mois

    d) Quatre mois

5) Quel animal de compagnie veulent-ils adopter ?

    a) Un canari

    b) Un chat

    c) Un hamster

    d) Un chien

Questions (Chapter 3)

1) Who is Marc?

    a) A friend of Isabelle

    b) Clara's brother

    c) Céline's neighbor

    d) Céline's brother

2) Why is he moving?

    a) He settles down with Isabelle

    b) He settles down with Lucie

    c) His apartment is too small

    d) He is obliged

3) Why did Isabelle go to New York?

    a) For her work

    b) To improve her English

    c) For holidays

    d) To see her family

4) How long did she stay in New York?

    a) One month

    b) Two months

    c) Three months

    d) Four months

5) Which pet do they want to adopt?

    a) A canary

    b) A cat

    c) A hamster

    d) A dog

ANSWERS

Les réponses (Chapitre 1)
1. b ; 2. c ; 3. a ; 4. c ; 5. d

Les réponses (Chapitre 2)
1. d ; 2. c ; 3. c ; 4. b ; 5. d

Les réponses (Chapitre 3)
1. d ; 2. c ; 3. b ; 4. b ; 5. d

Did you enjoy the book? Please consider leaving a review as it really helps out small publishers like French Hacking! You can do so by scanning the QR code below which will take you straight to the review page.

Below are some other titles you may enjoy. Find them by searching "French Hacking" on Amazon. .

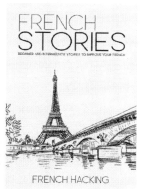

Made in the USA
Columbia, SC
25 August 2022

66041662R00050